Le Scorpion
Symbole
de l'Aigle déchu

Stéphane JOANEST

Le Scorpion
Symbole
de l'Aigle déchu

En application de l'art. L.137-2.-I. du code de la propriété intellectuelle, toute reproduction et/ou divulgation de parties de l'œuvre dépassant le volume prévu par la loi est expressément interdite.

© 2025 Stéphane Joanest

Édition : BoD · Books on Demand,
31 avenue Saint-Rémy, 57600 Forbach,
bod@bod.fr
Impression : Libri Plureos GmbH,
Friedensallee 273,
22763 Hamburg (Allemagne)

ISBN : 978-2-3226-6241-8
Dépôt légal : Juin 2025

TABLE DES MATIÈRES

INTRODUCTION		10
Chapitre I	L'origine de l'Aigle	18
Chapitre II	L'Aigle, archétype et dépositaire de la Dignité	30
Chapitre III	L'Aigle, la loi du mouvement, le cycle des rayonnements	37
Chapitre IV	Le Gardien du Seuil Hadès et le chiffre 8	45
Chapitre V	Le Scorpion, Hadès et le mystère Lucifer	50
Chapitre VI	Le Scorpion et la force sexuelle	63
Chapitre VII	Le Scorpion et « l'Ombre » de C.G. Jung	75
Chapitre VIII	La Croix Fixe dans le Zodiaque	88
CONCLUSION		97
BIBLIOGRAPHIE		104

INTRODUCTION

S'IL existe un signe zodiacal méconnu et incompris, c'est bien celui du Scorpion ! Symbole du pouvoir le plus occulte, le plus destructeur et parfois aussi le plus cruel ! Il représente pour certains le symbole de tous les maux, de toutes les perversions ! Qu'en est-il de ce signe au magnétisme particulièrement énigmatique et puissant, ce signe entier, passionné, sans demi-mesure, souvent extrême, et indissolublement lié aux profondeurs les plus insondables de l'âme humaine ? Pourquoi l'individu qui est marqué par le signe du Scorpion est-il autant soumis à d'aussi intenses métamorphoses ? Pourquoi cette énergie oblige l'être marqué par ce symbole à renaître à lui-même, tel le Phoenix ?

Le Scorpion ! L'astrologue pense aussitôt à Pluton, petite planète la plus éloignée du Soleil, située aux confins de notre système solaire. Pluton pour les

Romains, Hadès pour les Grecs. Hadès, maître des enfers, souverain dans le royaume des morts ! Planète la plus petite ... mais la plus concentrée, la plus puissante par son attraction, son magnétisme fulgurant et implacable. Avec Mars, Pluton est en dignité (en domicile) dans le signe Scorpion. Ces deux planètes maîtrisent ainsi le seul signe zodiacal à avoir jadis changé de nom, changé de forme, changé de symbolisme !

Les textes les plus anciens nous ont révélé qu'il y a fort longtemps, le Scorpion en tant que symbole du huitième signe du Zodiaque, n'existait pas. Il s'appelait alors *l'Aigle !* La polémique et la confusion existant à propos de l'Aigle et du Scorpion, à savoir quel symbole doit être pris en compte dans la composition des signes du Zodiaque, est stérile, car il faut remonter à *l'Origine*, de ce qui est en Haut et non pas partir du bas, du Zodiaque même. Pourtant, le Tétramorphe (qui est la représentation des 4 Vivants décrits dans le Livre d'Ézéchiel et l'Apocalypse de Jean) parle de lui-même. Dans toutes les représentations du Tétramorphe [1], on retrouve bien le Lion, le Taureau, le Vivant à visage d'homme (le Bélier) et … l'Aigle !

(1) Tétramorphe en ivoire. Origine : Cologne. Première moitié du XIIIème siècle. Musée de Cluny.

Historiquement, c'est dans ce peuple disparu dix-neuf siècles avant notre Ère, celui de Sumer, que l'on retrouve les plus anciennes représentations de l'Aigle. Sumer fut en quelque sorte la fondation, le socle de la civilisation qui allait perdurer jusqu'à l'Ère du Christianisme. Le symbolisme de l'Aigle remonte donc, autant qu'il nous est possible avec les archives existantes, à cette période.

La première représentation des 4 Animaux décrite dans la Bible remonte ainsi à l'époque sumérienne. Il y a plus de 4 millénaires, un prêtre sumérien du nom de « Dudu », serviteur du dieu Ningirsu, de l'état de Nagash, inscrit sur une tablette, sur un « sceau » une représentation des 4 Animaux décrits dans la Bible 2000 ans plus tard, notamment dans l'Apocalypse de Jean. L'Aigle y est stylisé, tel un léontocéphale (Anzû en Akkadien), et semble dominer le tableau. Le Lion est ici en double représentation au pied de l'Aigle ! Et le veau gravé sur la pierre représente ce qui deviendra ensuite le Taureau. [1] Ce dieu Ningirsu représentait chez les Sumériens un Justicier, en plus de sa fonction de donneur de fécondité et de fertilité (l'élément Terre). Il incarnait « le maître des éléments », puisqu'il était le dieu des perturbations atmosphériques, donc de ce qui se déroulait au-dessus de nos têtes, ce qui est du domaine des oiseaux ... le dieu du Ciel.

Il y a un rapport évident entre ce qu'ont perçu les Sumériens à l'époque et ce qui sera décrit dans la Bible et notamment dans le chapitre l'Apocalypse de St Jean. Que ce soit chez les Cassites, les Babyloniens, les Assyriens ou les Perses, ces 4 Entités (le Lion, le Taureau, l'Aigle et le Verseau) ont toujours été définies comme les gardiens « spirituels » de leurs temples. Voici deux extraits du livre passionnant, très bien documenté et particulièrement inspiré écrit par Alexandre Volguine *« Le symbolisme de l'Aigle »* :

(1) Relief perforé par Dudu, prêtre de Ningirsu. Époque des dynasties archaïques III, vers 2400 av J.-C (musée du Louvre).

... « *Mais pourquoi ce caractère de gardiens du seuil que le Christianisme a conservé tant bien que mal jusqu'à nos jours ? La réponse est simple : au temps de Sumer, les quatre constellations du Verseau (seule image de l'homme dans le Zodiaque), du Taureau, du Lion et de l'Aigle (qui est un des noms de notre Scorpion) se trouvaient aux solstices et aux équinoxes, donc aux quatre points cardinaux du ciel, les points les plus importants, puisqu'ils règlent les saisons et tout ce qui en découle, dont la vie végétale et animale. Ces points sont traditionnellement les quatre grands gardiens cosmiques du monde terrestre ...* »

... « *Quoi qu'il en soit, nos animaux sumériens deviennent ensuite les « quatre vivants » de l'Apocalypse présidant au gouvernement du monde. Leur auteur sait encore leur rôle céleste de constellations cardinales d'une époque désormais révolue ...* » *(fin de citation)*

Mais que s'est-il donc passé pour que cet animal au symbolisme royal et à la vue perçante, se transforme, se métamorphose en un animal rampant et fuyant, en une image sombre et repoussante, celle d'un animal proche de l'araignée ? Un animal dangereux, imprévisible, peu digne de confiance, piquant et détruisant tout adversaire faible et sans défense ...

De plus, lorsque l'on décrit les tendances les plus marquées du Scorpion, on parle souvent de duplicité et de dissimulation. Ce n'est pourtant pas un signe mutable, mais un signe fixe ! L'origine de cette dualité ne se trouve-t-elle pas dans l'incarnation de 2 pôles opposés, 2 puissances antinomiques, celles de l'Aigle et du Scorpion ?! Dualité de l'individu marqué par le Scorpion, comparable à une lutte, un combat entre l'inconscient et le conscient. Cette dualité Aigle/Scorpion n'est-elle pas à l'image de l'opposition entre la lumière et les ténèbres, entre le bien et le mal ?! Si l'Aigle, dit-on, peut regarder le soleil en face sans se brûler les yeux, le Scorpion lui, détourne son regard et va se terrer dans l'obscurité, là où personne ne peut le voir ni le reconnaître.

Pour comprendre comment, il y a plusieurs milliers d'années, l'un des 12 signes du Zodiaque a changé de visage, il nous faut partir du sommet de la Création, c'est-à-dire des sphères les plus hautes, bien au-dessus, bien au-delà de notre monde matériel visible, celui que nous connaissons avec ses planètes, ses étoiles, son zodiaque et sa voûte étoilée. Ce n'est qu'ainsi que le symbolisme du Scorpion pourra se débarrasser de son « aura » de mystère et refaire le lien avec la puissante et noble énergie issue de l'irradiation de l'Aigle.

Chapitre I

L'ORIGINE DE L'AIGLE

> *« L'univers m'embarrasse et je ne puis songer que cette Horloge existe et n'ait point d'Horloger ».*
> *(Voltaire)*

CE qui est en haut est comme ce qui est en bas ! Dans cette sentence trop souvent incomprise se cache une vérité très profonde, qui va bien au-delà de ce que l'on pourrait imaginer au premier abord. Il est question dans la Bible, plus précisément dans l'Apocalypse (chapitre 4, versets 6-7), de 4 Vivants, de 4 « Animaux » :

« … Devant le trône, on dirait une mer, transparente autant que du cristal. Au milieu du trône autour de lui, se tiennent 4 Vivants constellés d'yeux par-devant et par-derrière …

Le premier Vivant est comme un Lion ;

Le deuxième Vivant est comme un jeune Taureau ;

Le troisième Vivant a comme un visage d'homme ;

Le quatrième Vivant est comme un Aigle en plein vol...

Les quatre Vivants, portant chacun 6 ailes, sont constellés d'yeux tout autour et en dedans ... »

Ces Animaux « Initiés », évoluant dans les plus hautes sphères de la Création, ne sont autres que les *« 4 Piliers de la Création »*. Cette notion de Pilier est à considérer au sens propre, c'est-à-dire que sans ces Piliers et leur action irradiante, la Création tout entière n'aurait pas pu prendre forme et ne pourrait pas exister ! De ce fait, ces « Animaux » ne sont pas à considérer comme des animaux dans le sens terrestre du terme, mais bien comme des Entités, des Archétypes d'un genre tout particulier.

Ces 4 Entités représentent la Quadrature du Cercle de la Création. Cela signifie qu'ils forment l'armature, la structure primordiale de tout ce qui est créé et s'étend au-delà de la Sphère Divine ! Leur puissance est telle que, s'ils s'approchaient de notre monde matériel, ils pulvériseraient tout sur leur passage par la force qui les traverse. Ils forment une Croix et représentent les premiers réceptacles de la Force Divine qui se divise, à travers eux, en 4 faisceaux, en 4 rayons, en 4 genres … Ces 4 Animaux-Initiés ne sont autres que le Bélier, le Taureau, le Lion et l'Aigle. En tant que créatures, nous ne pouvons pas pleinement appréhender l'importance du rôle de ces 4 Entités ni leur puissance d'action ; mais il faut savoir qu'elles donnent naissance au cycle des rayonnements qui traversent tous les plans de la création, pour parvenir finalement jusque dans notre matérialité, où se situe notre planète Terre, entourée du Zodiaque, du Soleil, de la Lune et des planètes et plus loin encore des étoiles.

Les 4 Animaux-Initiés incarnent les Archétypes primordiaux les plus élevés de la Création, englobant des notions qui ont donné naissance aux vertus les plus hautes pouvant être incarnées par le genre spirituel : le Courage, l'Héroïsme, la Puissance et la Dignité.

Au Taureau correspond la Force du Courage. Des 4 Animaux, le Taureau est le premier – si l'on peut parler d'ordre – à recueillir le flux de la Force qui se déverse de la Coupe dans laquelle bouillonne le Sang de la Vie. Le Courage est l'une des 4 Vertus premières et c'est le Taureau qui l'incarne dans sa notion la plus « brute ».

Au Lion est dévolu l'Héroïsme dans sa notion la plus haute. C'est l'Héroïsme le plus pur, qui fut incarné par certains personnages-clefs de notre Histoire, qui furent entièrement imprégnés, traversés par cette énergie flamboyante, propulsive et combattante, ce rayonnement puissant du Lion qu'aucun obstacle ne peut arrêter.

Le Bélier est le seul des 4 Animaux ayant un visage humain. Il représente pour cela l'Archétype du Spirituel, car il porte en lui, de manière « brute » et globale, tout le genre spirituel vivant et évoluant sur tous les plans de la Création, du plus élevé au plus bas, de la Création primordiale jusque sur notre planète terre. Il est le « Roi » du Spirituel et incarne en cela la notion la plus élevée de la Royauté, la Puissance. Puissance Royale, Puissance de l'Eau du Spirituel qui permet de contenir le Feu de la Force afin que celui-ci ne parte pas dans toutes les directions. C'est ainsi que la Puissance protège de toute destruction. En canalisant le Feu, l'Eau du Bélier maintient toute vie dans la cohésion de la Loi, en instaurant la Paix.

Le Bélier représente aussi, à un autre niveau, l'Agneau de Dieu, qui porte en lui la faillite de l'humanité, notamment depuis la crucifixion, l'assassinat du Christ il y a 2000 ans.

Aux plus hauts sommets de la Création, le Bélier, seul Animal-Initié à visage humain, est lié au genre spirituel. Or, le genre spirituel a chuté dans la matérialité, sur terre notamment. Cette défaillance, cette déviance qui a bouleversé l'ordre des univers, a un retentissement jusque dans les plus Hautes Sphères. Rien, dans la Création, n'est isolé, tout se répercute de bas en haut et de haut en bas. Chacun connaît « l'effet papillon », qui suppose que le battement d'ailes d'un papillon peut créer une réaction en chaîne jusqu'à l'autre bout du monde. Il en est de même pour ce qui est du vouloir de l'homme, qui, s'il est orienté vers la Lumière ou les ténèbres, va générer, bien au-delà du visible, des réactions positives ou négatives.

Rien ne se perd dans la Création, chaque vouloir, chaque pensée, chaque action résonne et se répercute dans l'espace de la Création. C'est en cela que le libre-arbitre, donné à l'esprit humain comme un legs sacré, implique une responsabilité immense. Il nous faut en être conscients à chaque instant !

À l'Aigle appartient la Dignité, qui représente en quelque sorte la Vertu centrale, le centre de la Croix permettant à l'esprit humain d'être totalement ancré dans la matière, avec la plus grande stabilité, tout en ayant les yeux tournés vers la voûte céleste, vers la Lumière. *« Les pieds fermement ancrés dans la terre et la tête dans les étoiles »,* tel est l'équilibre que permet de réaliser le rayonnement de l'Aigle, celui de la Dignité.

Au niveau des 4 Animaux, la Force rouge venant du Saint Graal est recueillie par le Taureau. Formant en quelque sorte une coupe, l'Aigle, les ailes déployées, permet à la Force de se poser. L'Aigle est donc celui, au niveau des 4 Animaux (et non au niveau du Zodiaque), qui rassemble les 3 éléments premiers : le Feu, l'Eau et le Vent dont le Taureau, le Lion et le Bélier sont les dépositaires et les gardiens.

Formant par conséquent le socle du Carré de la Création, pointe vers le bas, l'Aigle, lié à la Terre, retient la Force dispensée par l'Éternel avant de la transmettre plus bas. Et c'est dans la Pureté la plus grande, telle la lame d'une épée pointée vers le bas vibrant dans une lumière verte, que le rayonnement de l'Aigle traverse la Création tout entière, jusqu'aux plus lointains confins de la matérialité, jusqu'à la ceinture zodiacale entourant la planète Terre. [1]

---

(1) Pour davantage d'explications concernant les 4 Animaux-Initiés et leur rôle, se reporter à l'œuvre d'Ad-ru-Shin « Dans la Lumière de la Vérité – Message du Graal », notamment dans les chapitres « Les plans du spirituel-primordial I/VII » (Stiftung Gralsbotschaft, Stuttgart).

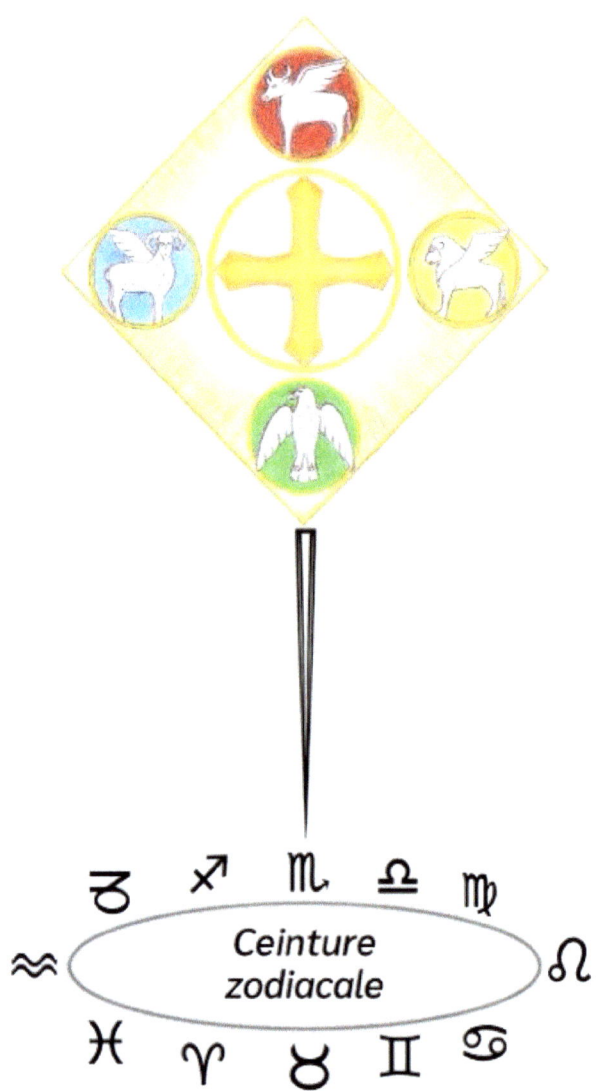

Des rayonnements des 4 Animaux Primordiaux vivant au plus haut niveau de la Création Primordiale, sont issus les 4 Éléments : le Feu, l'Eau, le Vent et la Terre ; les 4 Saisons ne représentent, sur terre, que l'ultime prolongement de ces rayonnements. Ce rythme à 4 temps constitue la pulsation traversant toutes les Créations, animant toute construction, jusque dans la matérialité où l'esprit humain est incarné.

Ainsi, la notion primordiale de l'Aigle se situe à la Source de toute Vie, aux côtés des trois autres Archétypes que sont le Lion, le Taureau et le Bélier. Nous sommes ici très loin de la matérialité, avec sa ceinture zodiacale et ses 12 signes, et en particulier du Scorpion, huitième signe zodiacal et archétype d'une des notions les plus lumineuses de la Création, incarnant aujourd'hui le plus souvent le principe obscur et ténébreux de l'âme humaine.

Si le genre humain, le genre spirituel est lié au rayonnement du Bélier, celui de **l'Essentialité** concernant tous les êtres animant la nature (que certains nomment

« *élémentaux* » ou encore « *entéaux* ») est liée au rayonnement de l'Aigle. L'Aigle est, nous l'avons vu, en relation directe avec les 4 Éléments, puisqu'il les rassemble. De ce fait**, l'Aigle incarne le Maître primordial des Éléments.** Il se tient au-dessus de toutes les forces naturelles de la Création, que nous nommons Nature dans la matérialité.

Et l'on comprend aussi pourquoi tant d'états, de royaumes et d'empires ont choisi l'Aigle comme symbole de leur puissance, de leur autorité et de leur règne ! De tous temps, l'Aigle fut l'emblème des rois et des chefs miliaires. Les rois étrusques par exemple portaient un sceptre surmonté d'un aigle sculpté et l'Empire Romain fit de même. Inconsciemment, les puissants de la Terre se sont toujours servis de cette énergie, de cette notion, afin d'asseoir leur pouvoir.

Mais était-ce le symbole de l'Aigle ou celui du Scorpion ? Était-ce une puissance juste, vibrant dans la Loi de la Création, ou bien un pouvoir autoritaire, injuste et destructeur, ne vibrant que dans la loi partiale et imparfaite des hommes ?!

Chapitre II

L'AIGLE, ARCHÉTYPE ET DÉPOSITAIRE DE LA DIGNITÉ

« Le grand homme est comme l'aigle ;
plus il s'élève, moins il est visible,
et il est puni de sa grandeur
par la solitude de l'âme »
(Stendhal – Pensées et Impressions)

L'AMOUR, la VOLONTÉ et la PURETÉ ! Ces trois notions primordiales apparaissent aux plus hauts sommets de la Création. Elles sont la première Manifestation issue de Dieu Lui-même ! L'une ne peut être sans les deux autres, car ces trois principes représentent l'équilibre indispensable au maintien de toutes les créatures vivant au sein de la Création. Elles englobent toutes les vertus, car elles en sont l'Origine.

L'Amour, la Volonté et la Pureté forment les trois grands premiers courants, les trois premières irradiations qui vont délimiter tous les genres évoluant au sein de la Création. Si tout est né de l'Amour et a pu prendre forme par l'Acte de Volonté : *« Que la Lumière soit ! »*, rien n'aurait cependant pu s'étendre sans la Pureté, sans son voile protecteur. En effet, le rôle de celle-ci est de garantir le maintien de toutes les créations dans les limites de la Loi, afin qu'aucun mélange ne vienne perturber l'ordre des univers. Sans la Pureté, c'est le chaos qui s'installe. Cependant, la notion de Pureté est si élevée que nous ne pouvons que la pressentir, tant nos notions terrestres et humaines sont éloignées des notions primordiales issues des Hauteurs de Lumière.

Si la Pureté est, à l'origine, d'une blancheur immaculée, c'est toutefois la couleur verte qui apparaît dans les créations comme *l'enveloppement* de cette haute notion. Sur terre, la Nature se pare de la couleur verte, car vibrant dans la Loi et la Pureté, c'est elle qui garantit le maintien de l'équilibre de toute vie sur terre, de toute cohésion.

Le Vert représente donc également la couleur de l'équilibre, équilibre entre le Feu et l'Eau. Le Feu **est** la Vie, tandis que l'Eau **permet** la vie, elle en représente l'enveloppement. Mais si le Feu, par nature, remonte à sa Source, l'Eau, elle, descend. La Terre, quant à elle, permet au Feu et à l'Eau de se stabiliser et maintient ainsi l'équilibre entre ces deux éléments. Ce processus naturel est à l'origine de tous les mystères de la vie, dans l'infiniment grand comme dans l'infiniment petit.

La Pureté, telle une Épée, traverse toutes les créations. Elle se tient ainsi au cœur de toute chose. Au niveau des 4 Animaux-Initiés, nous l'avons vu, c'est l'Aigle qui, la pointe vers le bas, se tient au centre du Carré de la Création. Il est semblable à la coupe recueillant la Force de l'Éternel. En effet, seul un écrin de pureté peut recueillir la Force rougeoyante originelle. L'Aigle se tient ainsi dans le rayonnement vert, celui de la Pureté qui s'incarne jusque dans la matérialité. En lui tout se rassemble. Vibrant dans la Pureté, ses ailes déployées et le regard toujours levé vers le Taureau placé au-dessus de lui, l'Aigle incarne la Dignité dans sa forme la plus haute, la plus pure !

La Dignité ! Elle est le socle indispensable à toute élévation, à toute maturation, à tout épanouissement spirituel. Sans Dignité, pas de socle, donc pas de possibilité de grandir en conscience à travers les expériences offertes dans la matérialité. Et c'est l'Aigle qui *incarne* cette haute notion, cette haute vertu. En cela aussi, **l'Aigle représente le socle de la quadrature du cercle formée par les 4 Animaux-Initiés.** Il en est le pied, la racine, la fondation …

Ce n'est certes pas le fait du hasard si le Scorpion a usurpé la place de l'Aigle en tant que réceptacle de la Dignité. En effet, dans la perte de sa dignité, l'être humain s'est rabaissé à un niveau plus bas que celui de l'animal, lequel ne possède pourtant pas de conscience spirituelle ni par conséquent de libre-arbitre. Ainsi, c'est bien à cause de la chute de l'esprit humain, c'est-à-dire de la perte de sa dignité, que l'Aigle s'est métamorphosé en Scorpion, il y a des millénaires déjà.

Rappelons que la ceinture zodiacale n'est que l'ultime ramification des 12 rayonnements issus des Archétypes de la Sphère Divine. En effet, au-delà des 4 rayonnements issus des 4 Animaux-Initiés, les rayonnements se subdivisent en douze. Ceci est une loi de la Création qu'à partir du Carré formé des 4 rayonnements primordiaux se forment 12 rayons, 12 faisceaux correspondant aux 12 genres principaux nécessaires à la construction parfaite des matérialités et à la possibilité d'évolution de l'esprit humain.

Si le chiffre 7 est lié à la Volonté Divine, s'il est la manifestation de cette Volonté … le 12 est le chiffre exprimant la Perfection des lois qui régissent la création, notamment la création seconde. La division en 12 de la ceinture zodiacale représente l'ultime ramification de la Perfection de la Loi. La Loi à l'origine est

« *Une* », puis devient « *4* » pour finalement se ramifier en « *12* ». Chaque nombre et le signe zodiacal lui étant lié représente une haute vertu issue des sommets de la Création. Ce sont ces vertus premières que l'homme doit s'efforcer d'incarner sur Terre. Mais la Dignité est en réalité au-delà des vertus, elle se situe au-dessus, car elle en constitue le SOCLE !

La Dignité représente à la fois la terre d'accueil et la terre d'envol de l'esprit humain incarné sur terre. La Dignité permet à l'être humain d'accueillir en toute pureté les dons qui lui sont octroyés ; de même est-ce encore elle qui permet de les utiliser dans la direction inscrite dans les lois de la Création, autrement dit dans les lois de la Nature.

La Dignité est la garantie pour l'homme de ne pas dévier des lois de la Création et ainsi de ne pas souiller, par un vouloir erroné et impur, tout ce qui passe entre ses mains. En réalité, la droiture, l'honnêteté, la fidélité et bien d'autres qualités encore, sont issues de la Dignité, de ce socle puissant et indéracinable.

La Dignité est la base, le socle de toute construction, de toute évolution, avons-nous dit. Ainsi, toute œuvre humaine n'ayant pas pour base la Dignité est vouée à l'échec, à plus ou moins long terme, car cette construction est fragile et périssable, car construite sur du sable. Qu'en est-il alors des œuvres humaines, à l'heure où tout est mû par le seul souci de rentabilité ?! Et qu'en est-il des hommes politiques qui nous gouvernent, qui bien trop souvent se montrent indignes de leur fonction ? Il est inutile d'être clairvoyant pour savoir avec certitude où nous conduisent ainsi tous les puissants qui dirigent le monde actuellement …

Chapitre III

L'AIGLE, LA LOI DU MOUVEMENT, LE CYCLE DES RAYONNEMENTS

« Le mouvement est le commandement principal pour tout ce qui réside dans cette Création car celle-ci fut engendrée par le mouvement et c'est en lui qu'elle est maintenue et constamment renouvelée »
(Une Loi de la Création - le Mouvement - Abd-ru-Shin — « Message du Graal »)

LE Scorpion est le huitième signe du Zodiaque. Or, le chiffre 8 est un symbole particulièrement puissant, pouvant être considéré comme un pivot parmi les 9 nombres : les 9 lois. Symbole du **Perpetuum Mobile**, *le 8 représente le*

mouvement perpétuel. Il incarne ce mouvement de va-et-vient, ce flux d'inspir et d'expir parcourant toutes les créations.

Une Loi de la Création, une Loi primordiale s'inscrit par conséquent à travers la vibration du chiffre 8 : *la Loi du Mouvement !* Le Perpetuum Mobile symbolise en réalité le cycle perpétuel de la Création. La Création à laquelle nous appartenons n'a pu prendre forme et ne peut se maintenir que par le mouvement de la loi de la Création. Imaginez le système solaire suspendant son mouvement, les planètes s'arrêtant pour prendre un instant de repos ! Cela est inconcevable, car le chaos s'installerait immédiatement et tout disparaîtrait alors instantanément. De même, la ceinture zodiacale est-elle constamment maintenue dans ce mouvement de va-et-vient perpétuel, où chaque cycle succède sans cesse au précédent.

Pourtant, rien n'est jamais semblable à chaque nouveau cycle, puisque le mouvement imprimé par la Loi pousse toute chose en avant, toujours plus loin.

La Loi du Mouvement se tient au cœur d'un mécanisme qui fonctionne à l'image d'une spirale où chaque nouveau cycle se place *au-dessus* du précédent. A quelque niveau que ce soit, chaque cycle a pour but de conduire l'homme un pas plus loin, un pas plus haut.

Dans la Création, seul l'homme s'est écarté de la Loi du Mouvement. Lui seul est sorti du mouvement qui traverse les créations, nous parvenant à travers la ceinture zodiacale, les luminaires (Soleil et Lune) et les planètes de notre système solaire. **La notion du mouvement est en cela directement reliée à celle d'utilisation.** En effet, la force-lumière qui nous parvient filtrée, atténuée à travers les rayonnements zodiacaux ***doit être utilisée.*** Malheureusement, dans notre paresse, nous nous tenons le plus souvent spirituellement immobiles. Nous n'utilisons donc pas ou si peu ce qui vient à nous dans le rythme imprimé par le Zodiaque, par l'intermédiaire de notre corps astral.

Pourtant celui qui n'avance pas recule, car la Loi du Mouvement nous impose d'utiliser ce qui nous est donné. Il n'est pas étonnant, dans ces conditions, que l'homme subisse sans cesse, et de plus en plus lourdement, son karma, c'est-à-dire les conséquences de ses manquements à la Loi. Cette Loi du Mouvement peut être considérée à juste titre comme un commandement essentiel, car elle est absolument incontournable. Nul ne peut échapper à cette exigence du mouvement, imprimé jusque sur la Terre, et cela depuis les plus hautes sphères de la Création Primordiale.

Ainsi, lorsque nous parlons, à propos du signe du Scorpion, de transformation, de régénération, de mutation et de renaissance, il faut comprendre que derrière des notions se trouve toujours le mouvement, la Loi du Mouvement ! *Mourir pour renaître à une autre vie,* c'est toute la symbolique du signe du Scorpion. Pour nous, êtres humains incarnés sur terre, cette renaissance imposée par le Scorpion équivaut à retrouver le mouvement voulu par la Loi, mouvement que nous avons quitté par négligence, paresse ou mauvaise volonté. Aussi, tout individu marqué par le signe du Scorpion *(pas seulement quelqu'un qui est né avec un Soleil dans ce signe)* vit très souvent de profondes transformations, car la Loi du Mouvement le pousse sans cesse en avant, afin qu'il se relève de sa chute, afin que son esprit retrouve une vibration plus élevée, plus lumineuse.

Le rapport existant entre l'Aigle et la Loi a été esquissé par *Christian Jacq* dans son ouvrage *« Le voyage initiatique ou les 33 degrés de la Sagesse »*. En effet, le 9ème degré inscrit sur la cathédrale de Metz correspond à l'Aigle. L'auteur écrit :

... *« Celui-ci tient un phylactère, qui est une combinaison de 2 mots grecs, pouvant se traduire par « gardien de la loi » L'Aigle est le gardien de la loi initiatique, les textes sacrés qui nous éveillent à la lumière. L'Aigle est la faculté qui ouvre le chemin de lumière... »* ... Ce rapport à la Loi se retrouve aussi dans le fait que la profondeur et le regard perçant de l'Aigle viennent de sa faculté quasi-instinctive à reconnaître la loi en toute chose et en tout être.

Le genre spirituel remplit une fonction bien précise dans la Création, celle de permettre le retour des rayonnements à l'intérieur du grand cycle, c'est-à-dire le mouvement qui part du bas, de la Terre, pour remonter vers le haut. L'homme de la Terre doit renvoyer dans un mouvement *ascendant* les rayonnements qui le traversent et qu'il utilise, les 12 rayonnements transmis en dernier lieu par la ceinture zodiacale. C'est bien en vibrant dans le chiffre 8 que les êtres de nature spirituelle peuvent et doivent permettre de clôturer le mouvement de va-et-vient perpétuel entre le Haut et le bas. Le cycle des rayonnements fait partie intégrante du mouvement incessant de la Création. L'Essentialité, qui vibre intégralement dans la Volonté Divine, nous dispense en permanence ce qui nous est nécessaire pour vivre, à l'image de la Nature qui nous permet de subsister et de nous épanouir sur Terre. L'Essentialité agit du haut vers le bas et vibre uniquement dans le Don. L'être humain agit du bas vers le haut, en redonnant ce qui lui a été confié, *en spiritualisant* tout ce qui lui a été confié. Malheureusement, cela fait bien longtemps que nous n'accomplissons plus notre mission en tant qu'esprits humains.

Nous pouvons comparer le cycle des rayonnements à la circulation sanguine dans le corps humain, avec son mouvement artériel et son mouvement veineux. Lorsque le mouvement veineux se ralentit, l'être humain est en danger de mort. Il en est de même pour le cycle des rayonnements de la Création, dont nous devons en garantir le retour. *En cela réside toute notre responsabilité.* Or il y a bien longtemps que le cycle du retour a été interrompu et que nous nous sommes par là même coupés de la Lumière et de la Vie. Preuve en est... L'Aigle n'est plus, et à sa place règne en maître le Scorpion au sein de la roue zodiacale.

Le Scorpion est **le seul** signe zodiacal à avoir chuté aussi bas. Sa chute est d'autant plus importante que le Scorpion représente le précipité de l'un des 4 Piliers de la Création, l'Aigle, puissant Archétype constituant la base, le socle de toute construction. Or, c'est bien la base, donc le socle, qui a vacillé à cause du mauvais vouloir de l'esprit humain de la Terre. Le socle de la Dignité permet l'envol de l'esprit humain incarné sur Terre. Ce socle ayant disparu depuis la chute de l'Aigle, rien ne peut plus se construire dans la Loi, comme cela était prévu à l'origine par la Sagesse Divine.

La Dignité, qui a pratiquement disparu dans le cœur des individus incarnés sur Terre aujourd'hui, est étroitement liée à la maîtrise de la force sexuelle. [1] Cette puissante énergie permet à l'esprit incarné dans la matière de prendre son envol et de remplir son rôle de créature spirituelle au sein de la Création. Ce rôle consiste à utiliser toutes les capacités et tous les dons dont il dispose au départ.

---

(1) Sur ce sujet particulier, se reporter au chapitre VI « Le Scorpion et la Force sexuelle ».

Chapitre IV

LE GARDIEN DU SEUIL HADÈS ET LE CHIFFRE 8

> *« L'avenir n'est à personne,*
> *l'avenir est à Dieu ».*
> *(Victor Hugo – Les Chants du Crépuscule)*

L'AIGLE ayant repris sa place dans le Zodiaque, il nous faut à présent parler de l'Hadès : **Pluton !** C'est cette minuscule planète située aux confins du système solaire qui représente le point d'appui de l'énergie du signe du Scorpion … et de l'Aigle se tenant au-dessus !

Il nous faut revenir au chiffre 8 qui, nous l'avons vu, est lié au mouvement perpétuel du cycle de la Création. Mais le 8 est aussi le chiffre de l'Esprit. L'Esprit, le genre spirituel, se tient dans le mouvement de retour des rayonnements, il permet que s'enclenche le mouvement ascendant du cycle des rayonnements.

Or, Pluton joue un rôle déterminant en cette fin de cycle, au moment où doit se clôturer le cycle d'évolution de l'esprit humain incarné sur terre.

Dans la mythologie grecque, Hadès est nommé le gardien du seuil. Chargé de juger les âmes parvenues sur son territoire, il est coiffé du casque de l'invisibilité offert par les Cyclopes et il est le maître du dessous de la Terre, ce monde souterrain que l'on nomme les Enfers. Il fait également partie de la Triade « divine » régnant sur l'Olympe, avec Poséidon et Zeus.

Pluton *(Ploutos)* est aussi nommé *« le Riche »* par les grecs, et cela n'est pas sans raison, parce qu'en réalité, au-delà du seuil gardé par Hadès, s'ouvre un autre monde, une autre dimension. Cette limite, cette porte s'ouvre sur le mouvement du retour du cycle des rayonnements. Ploutos, ce qu'il représente, est bien celui qui ouvre la porte vers la Lumière, vers la vraie richesse, celle de l'être humain accomplissant sa mission spirituelle, qui est de redonner vers le Haut, par Amour, ce qu'il a utilisé sur la terre, lors de ses incarnations. En cela, il incarne bien le chiffre 8, le mouvement perpétuel de la création !

Symboliquement, si Poséidon (Neptune) représente le passé (l'élément Eau), Hadès (Pluton) représente le futur, ce qui doit renaître et aller plus loin. Zeus (Jupiter) quant à lui, est celui qui, tel un pont, relie ces deux pôles.

Le symbole du signe des Poissons ♓ représente bien 2 Poissons : l'un tête vers le bas, l'autre tête vers le haut. Ce sont Neptune et Pluton, qui symbolisent également le mouvement perpétuel entre le haut et le bas. Car si Pluton est bien en affinité avec le signe du Scorpion, il l'est aussi avec le signe des Poissons, en cette fin de cycle, qui nous amène à l'avènement de l'Ère du Verseau, l'avènement du Saint Esprit, ce que l'on nomme aussi le Jugement Dernier !

Au-delà des apparences, Pluton est éminemment solaire, il ramène vers la Lumière, vers la Vie, mais seulement si on laisse tout derrière soi de ce qui est périssable et entravant. C'est cela le sens de la renaissance attribuée à Pluton et au Scorpion, dès lors que l'être humain a dissout son ego et s'est libéré de tout ce qui le retient dans son ascension vers la Lumière.

La symbolique ancienne est riche d'enseignements et contient beaucoup de clefs de compréhension à propos des événements cosmiques en cours et à venir, de même que le message christique délivré il y a plus de 2000 ans. Mais ce n'est qu'en ayant acquis une vision et une compréhension claires et complètes de la structure de la Création que ces symboles s'éclairent d'une lumière nouvelle.

Dans le chiffre 8 s'inscrit l'Alpha et l'Oméga du cycle de la Création. Ce cycle fut interrompu durant des milliers d'années à cause de l'action erronée de l'homme de la terre. Mais, à l'heure du grand règlement de comptes qui survient lors de l'avènement du Fils de l'Homme, qui correspond à l'entrée dans l'Ère du Verseau, la Lumière va réinvestir toute la matérialité. Le cycle des rayonnements retrouvera alors son mouvement originel. Le mouvement perpétuel de la Loi réinvestira la Création jusque dans ses moindres recoins, sous la pression de la Force-Lumière, issue de l'Amour et de la Volonté du Créateur.

Après l'Ère des Poissons, qui a signé la venue du Christ sur terre, vient l'Ère du Verseau, l'avènement du Saint Esprit. Après l'Amour qui fut envoyé par le Père à l'humanité, et qui fut crucifié, assassiné, voici venu le temps de la Justice Divine. L'Ère du Verseau correspond avec l'avènement de l'Esprit Saint, Imanuel !

Extrait de l'Évangile selon Saint-Jean 14/26 : « *Mais le Paraclet, l'Esprit Saint, que le Père enverra en mon nom, Lui, vous enseignera tout et vous rappellera tout ce que je vous ai dit...* »

Chapitre V

LE SCORPION, HADÈS ET LE MYSTÈRE LUCIFER

… Il dit ; la mort, qui tout achève, déjà l'enveloppe. L'âme quitte ses membres et s'en va, en volant, chez Hadès, pleurant sur son destin, quittant la force et la jeunesse …
(Homère « L'Iliade - Chant XVI / 855 – 857 »)

LUCIFER, qui signifie *« Celui qui apporte la lumière de l'intelligence »*, Archange descendu dans la matière pour aider l'esprit humain à développer son intellect et à promouvoir son évolution, est à l'origine du faux principe qui a fait chuter l'humanité. Il en est le point de départ et la force motrice. C'est ce faux principe, que nous avons accepté par paresse et par orgueil, qui est à l'origine du mal qui ronge l'humanité depuis la nuit des temps.

Contrairement à ce que supposait C.-G. Jung, il n'y a pas une force lumineuse **et** une force ténébreuse qui s'opposent et se combattent. Il n'y a **qu'une seule** Force à l'œuvre dans toute la Création, pure, auto-active et créatrice, celle dispensée par le Créateur de toute Vie.

Cette Force anime et pousse à l'évolution tout ce qui existe. Elle est dans l'air, l'eau, le minéral, le végétal, l'animal. Et nous-mêmes, êtres humains, en sommes pénétrés en permanence. Il n'y a que dans la matière, sur terre donc, que les effets venant de la Lumière et les effets venant des ténèbres se font sentir.

Sur ce sujet très délicat et très controversé, seules les explications contenues dans le Message de Abd-ru-Shin [1] nous donnent une image éclairée et vivante de cet événement unique et d'une profonde gravité, qui va bien au-delà des explications labyrinthiques des

---

[1] Message du Graal (Dans la Lumière de la Vérité) de Abd-ru-Shin. Lire la conférence « Le Mystère Lucifer ».

théologiens. Pourtant, et cela est incompréhensible pour nous, esprits humains, Lucifer a failli à sa mission et emprunté d'autres voies que celles tracées par la Volonté Divine.

Dans un premier temps, « Celui qui apporte la lumière » mena à bien sa mission, permettant le plein épanouissement de l'homme de la terre qui vivait alors sur ce que l'on pouvait encore appeler un « paradis terrestre ». Mais dans la pesanteur de la matière, dans l'éloignement des sphères lumineuses, Lucifer s'est détourné de la Loi, se prenant petit à petit pour le maître !

Comme le dit la Tradition judéo-chrétienne, il s'est dit : *« Leurs facultés furent éveillées par moi ! C'est moi le premier qui en ai fait des hommes intelligents ! Ils sont mon œuvre, le fruit de ma volonté et de mes talents ! »* C'est à ce moment que Lucifer tourna le dos au Créateur, à Dieu Lui-même. Lucifer profita de la faiblesse de l'esprit humain pour le séduire [1], pour le détourner de son rôle qui est de promouvoir tout ce qui lui est confié lors de son incarnation sur terre.

Le péché héréditaire instigué par Lucifer n'est autre que le *développement unilatéral de l'intellect.* Cet outil merveilleux et indispensable qu'est l'intellect est devenu au fil des millénaires le seul maître à bord. Coupé des intuitions de l'esprit, l'intellect humain construit un monde coupé de la Source de Vie, ce monde devenu fou dans lequel nous vivons aujourd'hui.

En nous éloignant de la nature et des lois qui gouvernent la Création, nous avons construit un monde où toute notre façon de penser domine et engendre de manière systématique la destruction de toute Vie. Guerres, famines, injustices en tous genres, corruption, pouvoir et domination des puissants par l'argent ... il est de plus en plus évident, en ce début de XXIème siècle, que nous nous dirigeons vers notre propre extinction, si rien ne

---

(1) Étymologiquement, le mot séduire signifie *« détourner du droit chemin ».* C'est littéralement ce que Lucifer fit avec l'homme de la terre : le détourner du chemin de la Loi.

venait endiguer la course folle que nous avons engagé contre la Vie elle-même !

Malgré cela, nous restons responsables à chaque instant de tout ce que nous pensons, de ce que tout ce que nous entreprenons et de l'orientation de chacun de nos vouloirs. Lucifer ne pouvait en effet que nous influencer, et non nous contraindre. Ceci est important à comprendre. Le libre-arbitre attribué à l'être humain reste entier et chacun(e) a le choix, à chaque instant, de suivre tel ou tel chemin, de prendre telle ou telle orientation.

Le symbole du Scorpion, par la déviation imprimée au rayonnement de l'Aigle, est indissolublement lié à Lucifer, ou plus exactement à l'influence de Lucifer sur l'être humain de la terre.

En astrologie mondiale, le signe du Scorpion est effectivement relié à la haute finance, à l'argent en général mais surtout au pouvoir mortifère que celui-ci confère à l'homme, notamment aux puissants de ce monde qui agissent en fin de compte sous l'influence de l'Ange déchu, ne servant plus Dieu mais uniquement ce que l'on nomme dans la Bible « *le Veau d'or* ».

Mercure (symbole de l'intellect) et Pluton sont ainsi liés, d'autant plus à cause de l'influence luciférienne sur l'homme de la terre. Car c'est précisément cet outil, l'intellect, qui a été dévié de sa fonction, celle d'un instrument au service de l'esprit. Astronomiquement parlant, Mercure est la première planète, la plus proche du Soleil, et Pluton est la dernière planète, clôturant le système planétaire nous entourant. Mercure et Pluton sont en quelque sorte l'Alpha et l'Oméga de notre système planétaire.

Il est attribué à Hermès/Mercure le caducée, qui représente une baguette de laurier ou d'olivier surmontée de deux ailes et entourée de deux serpents entrelacés. Ce symbole est proche du glyphe du chiffre 8, lié au Scorpion et donc de l'Aigle comme nous l'avons vu précédemment. Et les ailes surplombant le caducée correspondent effectivement aux ailes de l'Aigle.

Il existe une signification profonde : il nous faut encore une fois repartir du haut pour comprendre le rapport entre la planète Mercure, ce qu'elle représente, et le Scorpion, à l'origine l'Aigle. Là encore, c'est dans le Message de Abd-ru-Shin que nous trouvons les descriptions et les explications à propos des 4 Animaux Primordiaux. Ceux-ci entourent le Roi de la Création, Parzival, tout en haut de la Création Primordiale. Ces Animaux Initiés, ces Entités d'une puissance gigantesque et inconcevable pour l'esprit humain sont : Od-Shi-Mat-No-Ké (le Bélier), Leilak (le Taureau), le Lion et enfin Mercure, qui représente l'Aigle. L'Aigle, Mercure donc, nous l'avons vu, est le Maître de tous les Éléments, qui sont ancrés en lui.

Que l'Aigle se nomme Mercure (Merkur) au plus haut niveau de la Création Primordiale, c'est-à-dire bien au-delà de la Création matérielle que nous connaissons, n'est pas un hasard. Car il y a bien un lien entre Mercure, l'Aigle faisant partie du Carré des 4 Animaux-Initiés, et Mercure, cette petite planète au plus proche de la Terre. Dans la mythologie grecque, chargée de symboles et de clefs de compréhension, Hermès-Mercure était le seul dieu à pouvoir visiter les Enfers. Ce Messager assurait le passage entre les mondes infernaux et les mondes lumineux, ce que l'on apparente au Ciel. Ainsi Hermès était psychopompe, c'est-à-dire qu'il guidait des âmes jusque dans l'au-delà.

Nous voyons ici le rapport direct existant entre Mercure, le Messager Ailé … et Pluton/Hadès, maître des Enfers, et donc aussi le lien entre Mercure, représentant l'intellect, et Pluton, représentant nos profondeurs, ou plus exactement tout ce que nous avons vécu dans nos vies antérieures et qui s'est imprimé dans notre corps astral.

Il nous faut à présent distinguer Mercure, maître des Gémeaux et Mercure, maître de la Vierge. Les Gémeaux et la Vierge appartiennent tous deux à la Croix Mutable. Chaque signe appartenant à une Croix (Cardinale, Fixe, Mutable) est indissociable des trois autres et forme un Tout. Ainsi les Gémeaux sont deux, représentant les deux niveaux de conscience de l'être humain : l'intellect et l'esprit ! Lorsque l'individu étudie, apprends à lire, à parler et à communiquer, il ne doit (ne devrait) jamais se couper de son intuition, au risque de perdre le lien avec le haut et de se perdre dans la matière. Tel est l'exigence du signe des Gémeaux.

Avec le sixième signe, la Vierge, deuxième palier de la Croix Mutable, arrive l'heure du tri. C'est le moment de discerner et de trier ce qui est utile et ce qui ne l'est pas. C'est le temps de la purification, où l'on se prépare à vivre avec l'autre (la Balance) et à partager émotionnellement et spirituellement (le Scorpion) tout ce que l'on a appris et engrangé précédemment.

La fonction mercurienne liée à la Vierge est extrêmement importante. Le sixième signe est lié à la purification, ce qui nous prépare au passage dans le huitième signe, celui du Scorpion, où nous devons nous transformer et renaître à une nouvelle vie, débarrassés de tout ce qui nous empêche d'accomplir notre chemin de vie et de nous élever vers la Lumière.

Le péché héréditaire, comme nous l'avons vu précédemment, est précisément lié à l'intellect. Mais l'intellect (le premier Gémeau) ne peut pas nous servir sans que l'intuition guide nos pas (le deuxième Gémeau !) Quant au signe de la Vierge, il est devenu une caricature de ce qui devait n'être que blancheur et pureté. C'est l'intellect qui s'empara de cette énergie, détournant la vertu première en déformations diverses. L'aspiration à la pureté se déforma, se transforma en pensée hypercritique, en maniaquerie, en instabilité nerveuse et mentale, en esprit acerbe et caustique...

Lucifer avait bien compris quel était notre point faible. Notre intellect, notre cerveau qui, sans l'aide de l'intuition de l'esprit, devient un fléau, un monstre coupé de la Lumière, coupé de la Vie elle-même. Depuis des millénaires, en mésusant de son libre-arbitre, l'homme a pris une mauvaise direction : celle d'une orientation contre-nature par la culture exclusive et unilatérale de l'intellect, au détriment des facultés de l'esprit, esprit qui devait rester au poste de commandement. Bien sûr, l'intellect est un outil indispensable dans la matière, dans notre vie terrestre, mais ce qui est devenu malsain, dangereux et suicidaire, c'est sa domination *unilatérale*, intensive, privée des volitions supérieures de l'esprit et donc, par voie de conséquence, de toute conscience morale.

C'est finalement cette orientation erronée qui donna naissance à ce que l'on appelle *le péché originel*, ou encore péché héréditaire, car cette évolution régressive s'est transmise au fil des générations. C'est en cela que Lucifer a corrompu l'humanité tout entière, prenant appui sur notre point faible, la paresse d'esprit.

Pour clore ce chapitre important, voici un extrait de l'Apocalypse, qui parle explicitement de Lucifer le séducteur, du Jugement Dernier et de l'Hadès, le gardien du royaume des morts :

Apocalypse *20/³ (L'extermination des nations païennes)*

- **Le second combat eschatologique** -
« *⁷ Les mille ans écoulés, Satan, relâché de sa prison, ⁸ s'en ira séduire les nations des quatre coins de la Terre, Gog et Magog, et les rassembler pour la guerre, aussi nombreux que le sable de mer... ¹⁰ Alors le diable, leur séducteur, fut jeté dans l'étang de feu et de soufre, y rejoignant la Bête et le faux prophète, et leur supplice durera jour et nuit, pour les siècles des siècles. ...*

- ***Le jugement des nations*** *- ¹³ Et la mer rendit les morts qu'elle gardait, la Mort et l'Hadès rendirent les morts qu'ils gardaient, et chacun fut jugé selon ses œuvres. ¹⁴ Alors la Mort et l'Hadès furent* *jetés dans l'étang de feu — c'est la seconde mort cet étang de feu … ⁱ⁵ et celui qui ne se trouva pas inscrit dans le livre de vie, on le jeta dans l'étang de feu. »*

…

Chapitre VI

LE SCORPION ET LA FORCE SEXUELLE

IL existe une énergie dont l'homme dispose et qui est particulièrement déterminante pour son évolution spirituelle sur Terre : la force sexuelle. Le berceau de cette force sexuelle se situe dans le coccyx. Les Hindous la nomment « *kundalini* », mot sanscrit signifiant « *enroulé en spirale* ». Cette kundalini correspond au point de concentration de la force sexuelle confiée à l'esprit humain de la Terre. Or, c'est justement l'énergie du signe du Scorpion – celle de l'Aigle – qui est directement rattachée à ce point de concentration. Celui-ci, grâce à la colonne vertébrale et à ses deux canaux médullaires, permet la liaison avec les chakras, ces portes inscrites *dans* le corps astral de l'homme, qui captent les énergies en provenance des planètes et du Zodiaque.

Il est important, à ce stade, de parler du chemin emprunté par les rayonnements issus de la voûte étoilée pour parvenir jusqu'à l'être humain de la terre.

On parle souvent d'influences des planètes et des signes du zodiaque et on considère que les rayonnements en provenance du Cosmos *agissent* sur nous. En réalité il ne s'agit pas d'influence mais bien d'un ÉCHANGE. Il existe un lien direct entre ce qui vient d'en Haut et l'être humain incarné sur terre. Ce lien, cet échange se fait par l'intermédiaire de **notre corps astral**. Mais comment, de quelle façon, dans quel ordre ces rayonnements viennent à nous ?

Car il y a effectivement un ordre, un parcours logique dans l'acheminement des rayonnements venant du Cosmos pour arriver jusqu'à nous, ou plus exactement **jusqu'EN nous !**

Voici une représentation schématique du chemin parcouru, du haut vers le bas, par les rayonnements en provenance des étoiles, du Zodiaque et du système solaire jusque dans notre corps de matière dense (corps physique) :

<u>VOÛTE ÉTOILÉE</u>
<u>ZODIAQUE</u>
<u>SYSTÈME SOLAIRE</u>
<u>(LUMINAIRES / PLANÈTES)</u>

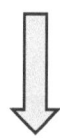

<u>CORPS ASTRAL</u>
(ENVELOPPE LA PLUS DENSE ENTRE LE CORPS SUBTIL ET LE CORPS PHYSIQUE)

C'est lui qui fait le pont avec les énergies en provenance du Cosmos

<u>CHAKRAS</u> (PORTES D'ENTRÉE DES RAYONNEMENTS)
Pont entre le corps astral et le corps physique

Il existe en réalité 12 portes
(comme il y a 12 signes du zodiaque)
Voici les 7 chakras (re)connus :

1) CHAKRA COURONNE
2) CHAKRA du 3ᵉᴹᴱ ŒIL
3) CHAKRA de la GORGE
4) CHAKRA du CŒUR
5) CHAKRA du PLEXUS SOLAIRE
**6) CHAKRA SACRÉ
(COCCYX – FORCE SEXUELLE)
Chakra lié à l'énergie du
SCORPION**
7) CHAKRA RACINE

**GLANDES ENDOCRINES
(organes émotionnels)** [1]

Les 4 ancrages endocriniens sont :

---

[1] Lire à ce propos l'œuvre du Docteur Jean Gautier : « Freud a menti » – « L'enfant, ce glandulaire inconnu » et ceux de l'endocrinologue Jean du Chazaud : « Ces glandes qui nous gouvernent » – « La thyroïde et le mystère des émotions ».
Les travaux du chercheur français, le docteur Jean Gautier (1891-1968) sont à l'origine d'une science nouvelle : *l'endocrino-psychologie.*

THYROÏDE
(tendance sensible, imaginative,
sens esthétique, artistique)
Correspondances planétaires :
LUNE/ VENUS/ NEPTUNE

HYPOPHYSE (pituitaire)
(tendance intellectuelle analytique,
scientifique, etc...)
Correspondances planétaires :
MERCURE/ SATURNE/ URANUS

SURRÉNALES
(tendance pratique, physique)
Correspondance planétaire : MARS

GÉNITALE INTERSTITIELLE
(affirmation de la volonté spirituelle et
développement du sens moral, point
d'ancrage dans l'organisme de la force
sexuelle aidant à l'épanouissement de
l'esprit dans le monde matériel,
éveil spirituel)
Correspondances planétaires :
MARS/ JUPITER / NEPTUNE et PLUTON

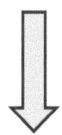

CORPS PHYSIQUE

ORGANES (FOIE, REINS, CŒUR, CERVEAU, VÉSICULE BILIAIRE, PANCRÉAS, POUMONS, ESTOMAC, RATE, VESSIE, PEAU)

SYSTÈMES NERVEUX, SANGUIN, LYMPHATIQUE, RESPIRATOIRE, DIGESTIF, URINAIRE, etc...

———

L'ESPRIT SE TIENT COMME **AU-DESSUS** DU CORPS ASTRAL ET DU CORPS PHYSIQUE.
C'EST **L'IRRADIATION** DU SANG, FORMÉE PAR L'ESPRIT, PAR LA FORCE ET LE VOULOIR DU NOYAU SPIRITUEL (LE FEU), QUI FAIT LE PONT, VIA L'ÂME (L'EAU), AVEC LA MATIÈRE

Revenons au Scorpion, aujourd'hui symbole de toutes les passions et de toutes les déviations, principalement celles d'ordre sexuel. Il ne pouvait pas en être autrement, car cette énergie, extrêmement déterminante et puissante, fut détournée de son but originel. Par conséquent, à cause de l'imposture, de la prise de pouvoir du Scorpion, c'est tout le Zodiaque qui s'en trouve perverti.

L'être humain, avec ses différentes enveloppes (corps subtil, corps astral, corps physique) fonctionne à l'image du Cosmos. La Force Originelle traverse les Créations, empruntant le courant central issu de l'Aigle, et se redistribue à travers les 12 portes zodiacales et le mouvement des astres. De même en est-il pour l'homme : la Force traverse ses différentes enveloppes, de la plus fine à la plus dense, le corps physique. Au cours de ce processus, la Force pénètre les chakras, ces portes subtiles dont dispose l'être humain. Celles-ci s'ouvrent et se ferment selon son libre-arbitre. La Force s'ancre en premier lieu à partir de la base de la colonne vertébrale (au niveau du coccyx), pour ensuite se dérouler et remonter vers le haut, dans une évolution ascendante.

La force sexuelle – apparaissant au moment de la maturité physique de l'homme et de la femme – **forme le pont d'irradiations** permettant à l'esprit d'agir en pleine responsabilité dans la matière. C'est dire l'importance capitale de cette énergie mise à notre disposition. Il ne faut cependant pas la confondre avec l'instinct sexuel qui lui, n'est qu'une conséquence de cette force et de son efficience.

La force sexuelle agit comme une porte — *tel un pont-levis* — permettant de laisser entrer des courants plus ou moins purs, selon la force et l'orientation du vouloir de l'individu. Ce choix d'ouvrir ou non la porte à tel ou tel courant, à telle ou telle influence, correspond précisément au libre-arbitre de l'homme, cette faculté, ce don magnifique accordé tel un legs sacré au genre spirituel. La force sexuelle a ainsi le pouvoir **d'embraser** terrestrement toute l'intuition spirituelle d'une âme.

Lorsque la force sexuelle s'unit à la force de l'esprit, il y a pour l'être humain sur terre un élan spontané vers tout ce qui est beau, pur, noble, généreux.

Cependant, cette liaison avec la matière, rendue possible par la force sexuelle, entraîne à son tour **la responsabilité** de l'être humain. En effet, celui-ci peut choisir ce vers quoi il veut aller, ce qu'il veut attirer à lui. La procréation n'est qu'une fonction secondaire ; la première, déterminante, étant de **maintenir le pont entre l'esprit incarné dans la matière et les plans supérieurs dont il est issu à l'origine.**

Les artistes, ceux qui ont laissé à la postérité des œuvres impérissables, avaient tous une force sexuelle importante. Songeons à Jean-Sébastien Bach qui a composé tout au long de sa vie, chaque jour et même parfois chaque nuit, des centaines de chefs d'œuvres grandioses et intemporels. Bach a su précisément diriger cette Force dans un but promoteur, vers le Haut, ce qui lui a permis d'être véritablement « inspiré ».

L'inspiration est un processus de liaison et d'attraction avec les plans plus élevés, plus lumineux, permettant à l'artiste de capter des notions, des vibrations ou encore de la musique provenant de plans supérieurs.

Si l'Art — et la musique en particulier — en est réduit aujourd'hui le plus souvent à cette médiocrité, ce « gouffre de néant », où rien n'a finalement plus de sens ni de valeur, où la beauté a pratiquement disparu, c'est malheureusement la preuve manifeste que l'humanité a rompu la liaison avec les plans lumineux où règne l'amour, la beauté, l'harmonie et la paix. C'est d'ailleurs la vibration et l'assemblage des notes qui nous conduit soit vers la Lumière soit vers les ténèbres …

Depuis bien longtemps déjà, les hommes captent exclusivement ce qui provient du **plan astral,** plan très proche de la Terre où ont pris forme nombre de déformations et de déviances. Ce plan existe et subsiste aujourd'hui grâce au vouloir erroné, ténébreux de l'esprit humain. Tout cela est la résultante du détournement de la force sexuelle de son but premier. Cela revient à dire que, dans une très grande part, l'utilisation négative de l'énergie du Scorpion a conduit l'homme là où il est, c'est-à-dire dans une situation mondiale inextricable !

La pudeur devrait être la première conséquence de l'éveil de la force sexuelle chez l'adolescent ou l'adolescente. En effet, celle-ci est la seule protection, le seul rempart contre toute passion, la passion étant précisément le propre de l'individu dominé par l'énergie du Scorpion et non par celle de l'Aigle.

Aujourd'hui, dans notre société hypermatérialiste décadente, la notion de pudeur fait sourire et provoque le plus souvent railleries et moqueries. Ces dernières sont la preuve que les hommes ont perdu leur dignité, en réalité leur statut **d'homme véritable !** Et c'est aussi pourquoi l'Aigle a disparu, laissant la place au Scorpion.

Cependant, l'Aigle se tient toujours *au-dessus* du signe du Scorpion, et celui qui veut puiser dans Sa dignité peut toujours le faire, en fonction de son aspiration à la Lumière et à la Vérité. Mais la lutte est grande, car la Terre est tombée très bas et continue chaque jour de s'enfoncer dans des ténèbres toujours plus épaisses.

Pourtant, c'est l'homme et lui seul qui a provoqué la chute de la Terre et de tout l'univers de matière dense à laquelle elle appartient. C'est là toute l'immense responsabilité de chacun et chacune d'entre nous qui, en exerçant notre libre arbitre, avons choisi et choisissons à chaque instant, soit un chemin menant vers la Lumière, vers le bien, soit un chemin menant vers les ténèbres, vers le mal !

Chapitre VII

LE SCORPION ET « L'OMBRE » DE CARL-GUSTAV JUNG

... « Ah ! Ne vous faites pas d'illusions, vivants !
Et d'où sortez-vous donc, pour croire
que vous êtes meilleurs que Dieu,
qui met les astres sur vos têtes,
Et qui vous éblouit, à l'heure du réveil,
De ce prodigieux sourire, le soleil ! »
(Victor Hugo - Les Contemplations)

Nous avons fabriqué un monde où, petit à petit, au fil des siècles, nous avons perdu toute notion de transcendance. Nous ne faisons plus aujourd'hui référence à un Ordre Éternel venant d'en Haut et avons perdu la notion du Sacré. Nous vivons dans l'immédiateté, dans le consumérisme en pensant : « Après nous le déluge ! On n'a qu'une vie ! Profitons des plaisirs de la vie sans nous poser de questions ! » ...

Nous avons ainsi perdu le lien qui nous unit aux forces naturelles, vivantes, et nous ne reconnaissons plus les lois qui gouvernent l'univers. Nous vivons ainsi de plus en plus dans une totale inconscience de la vie qui nous entoure, comme si nous étions seuls, perdus dans un monde devenu étranger dont nous ne sommes plus vraiment les bienvenus !

Les religions, quelles qu'elles soient, ont toutes failli à leur mission et ont contribué à éloigner l'individu de la Lumière et de Dieu. Ce que l'on nomme « le matérialisme » n'est pas seulement le fait de s'être attaché aux biens matériels et à la seule jouissance terrestre. C'est surtout avoir perdu l'aspiration à la Lumière, avoir oublié notre quête des valeurs éternelles.

Croire que notre vie d'être humain sur terre s'arrête à notre mort terrestre, ne reconnaissant que le cerveau comme seul outil de la conscience, représente le vrai matérialisme, celui qui a effacé, crucifié la dimension spirituelle de l'homme et qui s'est coupé de la Source de Vie et par là-même du Créateur.

Loin d'aider l'être humain, et dans la méconnaissance des lois de la Création, la psychanalyse est loin de montrer le chemin vers la Lumière et la Vérité, bien au contraire. La psychanalyse n'a pas reconnu l'esprit en tant que seul élément vivant, éternel en l'homme, puisqu'appartenant à une sphère supérieure.

Sigmund Freud, le premier, s'est gravement fourvoyé en considérant l'homme seulement comme un animal perfectionné certes, mais qui serait privé de volonté et de sens moral. Ayant pris comme base de ses recherches « l'instinct sexuel », Freud, dans sa perversion, n'a pas voulu reconnaître la dimension spirituelle de l'homme, étant visiblement lui-même dénué de tout sens moral et de toute verticalité.

Il faut dire que le père de la psychanalyse était particulièrement marqué par le signe du Scorpion, puisque son Ascendant est dans ce signe ; Pluton est opposé à l'Ascendant et la Lune et Saturne en maison VIII (homologie du Scorpion) ; sans compter Mars, régent du Scorpion, qui se trouve conjoint à la Lune

Noire vraie... Je laisse aux astrologues le soin d'analyser le thème astral de Freud, qui se révèle très parlant à propos des conflits et des névroses dont celui-ci souffrait, et de ce qui rejaillit inévitablement de lui, en imprégnant fortement toutes ses théories et tous ses écrits !

Carl-Gustav Jung, quant à lui, en s'éloignant des conceptions primaires, matérialistes et obsessionnelles de Freud, a pris un autre chemin. Il a été beaucoup plus loin dans sa recherche de compréhension du psychisme de l'homme. Il a vraiment reconnu une dimension transcendante, supérieure, chez l'homme. Malheureusement, il s'est arrêté en chemin et ne reconnut pas véritablement l'esprit en tant que seul élément vivant et éternel en l'homme. Il ne reconnut pas davantage l'existence d'un Dieu Unique, Celui qui a créé toute créature et toute vie.

Mais surtout il est un point essentiel, central, dans la théorie jungienne, qui nous emmène dans de fausses voies, plus dangereuses qu'il n'y paraît. Il s'agit du concept de *« l'ombre »* !

Rappelons ici succinctement ce que représente « l'ombre » telle que définie par C.-G. Jung :

'' ... « L'ombre » représente tout ce qui est inconscient, rejeté, non reconnu ou considéré comme inférieur dans notre personnalité. Il s'agit d'une partie cachée de notre inconscient, l'autre facette de notre moi conscient. Il ne s'agit pas uniquement de traits négatifs ou malveillants, mais de tout ce qui reste inexprimé ou non réalisé en nous.

« L'ombre » jouerait un rôle crucial dans notre développement personnel. Sa reconnaissance et son intégration peuvent conduire à une plus grande authenticité, créativité et compréhension de soi. En revanche, ignorer notre ombre peut nous mener à des déséquilibres psychologiques, des conflits intérieurs et des problèmes dans nos relations avec les autres ... ''

« L'ombre » de Jung est donc un pilier essentiel de la psychologie analytique. Elle nous invite à explorer les profondeurs de notre inconscient pour mieux comprendre notre véritable nature. En reconnaissant et en intégrant ces aspects cachés, il est question d'acquérir une plus grande harmonie intérieure et une meilleure compréhension de notre place dans le monde.

La démarche d'exploration de l'Ombre est donc, d'après Jung, un voyage vers la connaissance de soi, indispensable à toute quête de croissance personnelle.

En réalité, il n'en est rien. C'est dans cette phrase de Jung : *« Ce n'est pas en regardant la lumière qu'on devient lumineux, mais en plongeant dans son obscurité »,* que l'on perçoit mieux encore la déformation, l'inversion de sa vision et de sa pensée.

Jacqueline Kelen, dans son ouvrage *« L'éternel masculin »,* a très bien ciblé la faille et le danger de ce concept de « l'ombre » qui nous amène à accepter l'inacceptable, en instituant une certaine

« morale » du compromis, que l'on appelle commodément « *l'intégration* ».

Elle écrit à ce propos : « *Pour le héros solaire, il ne s'agit pas d'intégrer l'ombre, le mal, mais bien de les distinguer, de les chasser. « L'horreur extrême » du mal, évoquée par Graciàn* [1]*, est une caractéristique du guerrier spirituel, là où toute une cohorte de thérapeutes, prenant le relais d'une charité chrétienne mal digérée, ressasse l'acceptation et même l'intériorisation du ténébreux ... Le tour de passe-passe jungien à mon avis le plus odieux est celui qui consiste à faire de l'Adversaire une « ombre à intégrer » : autrement dit, les démons, les monstres que le héros rencontre ne sont pas à terrasser mais à apprivoiser, comprendre, aimer au besoin ... A force d'intégrer les ombres et les couleuvres, le pauvre humain perd ce qui restait en lui d'héroïque et il crève, non certes sous les coups de corne du Minotaure ni piétiné par le dragon -,*

---

(1) *Balthasar Graciàn est un écrivain espagnol qui a écrit un traité passionnant nommé « L'homme universel » en 1723.*

mais il crève de compromis, de médiocrité, de malheur aussi … Jésus lui-même, seul dans le désert durant quarante jours, n'a pas fait alliance avec Satan, il a refusé son pain et les richesses promises de la collaboration, bref il n'a « pas intégré son ombre » … (Fin de citation)

Cette inversion quelque peu « diabolique » poussée par les théories jungiennes à propos de l'ombre, amène l'homme à accepter ce qui doit être combattu, et donc à cohabiter avec ce qui est ténébreux. La plupart des psychothérapies sont perverties par ce principe admis par la plupart des praticiens, tous courants de pensée confondus. Nous brassons ainsi toute notre vie notre psychisme (état intermédiaire et mouvant : l'âme) ; on se psychanalyse ; on veut soigner notre ego … sans jamais pour cela parvenir à la réalisation de Soi, sans jamais prétendre à un authentique éveil spirituel. Car non, aucune psychothérapie ne mène à la réalisation de soi, car toutes ces « techniques » centrées sur le psychisme sont incapables d'enflammer l'esprit qui, plus ou moins endormi ou éveillé, aspire à la Lumière et à la Vérité. Il en est de même pour toutes les méthodes modernes de « développement personnel » et de recherche de soi-disant « bien-être », qui ne peuvent conduire l'être humain à la réalisation de l'esprit. Jamais !

De la même manière, certains philosophes n'ont pas reconnu l'esprit en tant que seul élément éternel en l'homme. Je citerai ici Friedrich Nietzsche, qui est l'un de ceux qui ont le plus contribué à conduire l'humanité vers le matérialisme et l'athéisme, vers l'agnosticisme... Dans la négation de Dieu et des lois qui gouvernent l'univers, cet homme est devenu l'un des instruments les plus actifs au service de l'intellect, et par voie de conséquence, de Lucifer. Après Schopenhauer, son rejet de la dimension spirituelle et surtout de la Toute-Puissance de Dieu signa son appartenance aux ténèbres.

Avec la psychanalyse, la philosophie reste hélas l'un des domaines les plus pervertis. L'apparition du nihilisme est probablement la pire des conceptions, la pire des croyances, parce qu'elle nie la Vie Elle-même, elle nie l'Amour et la Justice du Créateur, elle nie les Lois qui nous gouvernent, elle nie ainsi la beauté et la raison d'être du Vivant qui nous entoure. Malheureusement, Nietzsche, ce malade qui termina sa vie dans la folie, a très fortement marqué, au-delà des apparences, notre civilisation occidentale.

Mais revenons à Jung, qui, dans son livre « *Réponse à Job* », écrit ceci, et c'est également ici que nous comprenons mieux pourquoi la notion d'ombre jungienne est pervertie et dangereuse, car liée à la non-reconnaissance de Dieu, de Son Amour et Sa Volonté :

« Nous savons à nouveau que Dieu ne doit pas seulement être aimé, mais aussi redouté. Il nous remplit de bien, <u>et aussi de mal</u>, sinon il ne serait pas à craindre, et puisqu'il veut devenir homme, son antinomie doit avoir lieu et être résolue en l'homme. Cela signifie pour l'homme une nouvelle responsabilité ». (fin de citation)

En réalité, en oubliant l'esprit comme seul élément réellement vivant en l'homme, nous avons oublié de combattre spirituellement, c'est-à-dire de combattre tout ce qui est ténébreux à l'intérieur de nous, tout ce qui subsiste comme une ombre maléfique et pesante, tirant l'esprit vers le bas en étouffant sa flamme.

C'est là que le symbole du Scorpion prend tout son sens, car il représente, nous l'avons vu, la déformation de l'Aigle !

« L'ombre » de Jung n'est autre que tout ce que nous avons tissé dans les vies antérieures et qui a dévié des lois de la Création. Cette partie sombre en nous, tapie au tréfonds de notre âme, appelée l'inconscient, par opposition au conscient, c'est-à-dire ce qui parvient à notre conscience diurne, n'est évidemment pas quelque chose que l'on doit accepter, mais que nous devons combattre et éliminer ! Mais comment me direz-vous ? Eh bien tout simplement en cultivant notre sens du beau, en aspirant à des valeurs nobles et porteuses d'amour et de pureté, et aussi en nous rapprochant de la Nature et de ce qu'elle nous offre de beauté et d'harmonie.

Le combat contre notre « ombre » consiste avant tout à *détourner le regard* de ce qui est trouble et ténébreux. Nous sommes bien loin des théories psychanalytiques qui prétendent qu'en dialoguant avec notre inconscient et en intégrant notre ombre, nous pouvons atteindre un sentiment d'unité et de joie profonde. Quelle illusion et surtout, quel piège dangereux !

Il y a de l'héroïsme et du courage dans le fait de combattre notre ombre. Il y a de la dignité et de la volonté. Ces vertus issues des 4 Animaux-Initiés comme nous l'avons vu précédemment, et passant en dernier lieu à travers le Zodiaque, chacun d'entre nous peut les utiliser et les faire siennes …

Le Scorpion, dans sa déformation, et cela concerne tout un chacun, nous incite à cohabiter avec notre ombre, avec ce qui nous rabaisse et nous fait perdre notre véritable « humanité ». Ce n'est qu'en nous élevant spirituellement, en puisant dans l'irradiation puissante issue de l'Aigle, qui se trouve au-dessus du Scorpion — certes bien loin au-dessus — que nous pourrons nous hisser hors du marécage de nos désirs impurs et de tout ce qui nous retient vers le bas.

Aucun besoin de thérapie ni de techniques compliquées pour cela. Seule une aspiration sincère à la Lumière peut éveiller l'esprit qui est en nous et enflammer toujours plus l'étincelle spirituelle afin qu'elle retrouve le lien avec les plans supérieurs, avec les plans lumineux dont elle est elle-même issue.

Là encore, la dictature de l'intellect sur l'esprit nous a fait perdre le chemin de la simplicité. Cette parabole très connue du Christ montrait déjà le chemin il y a 2000 ans, de manière simple et imagée :

« Si vous ne changez pas pour devenir comme les enfants, vous n'entrerez pas dans le royaume des Cieux. Mais celui qui se fera petit comme cet enfant, celui-là est le plus grand dans le royaume des Cieux. »

Chapitre VIII

LA CROIX FIXE DANS LE ZODIAQUE

PARMI les 3 Croix composant le Zodiaque *(la Croix Cardinale, la Croix Fixe et la Croix Mutable),* c'est la Croix Fixe qui en est le centre, le cœur, car elle est formée des signes du Taureau, du Lion, du Scorpion et du Verseau. En effet, comme nous l'avons vu, les 4 Animaux-Initiés existent **avant** que ne se forment les 12 rayonnements, les 12 genres permettant notre évolution jusque sur la Terre. Mais pourquoi, me direz-vous, le Verseau fait-il partie de la Croix Fixe et non le Bélier ?

En réalité, le Verseau, **le Verseur d'Eau** est en lien *direct* avec le Bélier. Parmi les douze signes zodiacaux, seuls les Gémeaux (signe mutable) et le Verseau ont l'apparence humaine. Or, nous avons vu précédemment que, parmi les 4 Animaux-Initiés, **seul le Bélier a le visage humain**, puisqu'il représente l'Archétype du genre spirituel ! Là se trouve la clef qui permet de comprendre le lien subtil existant entre le Bélier et le Verseau. Au sein du Zodiaque, les Gémeaux et le Verseau, avec le Bélier, sont davantage reliés au genre spirituel que les autres signes, la forme humaine leur étant dévolue.

Mais revenons au Verseau et à son symbolisme. Celui-ci est à mettre en correspondance avec l'Esprit Saint. En effet, l'Eau dispensée par le Verseur d'Eau est l'Eau de la Vie. Celle-ci est également le symbole de l'Alliance entre la créature et son Dieu, qui lui permet de vivre dans Sa Création. **L'Esprit Saint** est en réalité l'Esprit de Justice. Il est également nommé le Fils de l'Homme, puisqu'Il se tient au-dessus des créatures spirituelles, c'est-à-dire au-dessus des hommes. Lui seul peut ordonner leur jugement, lorsque le temps imparti pour l'évolution de l'esprit humain dans la matière arrive à son terme … c'est le Jugement Dernier !

C'est pour cette raison que le Verseau prend sa place dans la Croix Fixe, faisant face au Lion, conformément à la loi du Zodiaque et non à celle régnant dans les plus hautes sphères de la Création. En effet, la Loi, au départ Une, se subdivise en 4 puis en 12 : 12 lois, 12 couleurs, 12 sons, 12 courants zodiacaux. Ainsi, l'ordre du Zodiaque correspond-il aux besoins particuliers d'évolution et de maturation de l'homme vivant sur la terre.

La Croix Fixe possède une fonction bien précise, correspondant à un niveau particulier de notre personnalité. Elle incarne une fonction fondamentale de notre évolution. En tant que **centre** des 3 Croix zodiacales, elle correspond à notre centre, c'est-à-dire notre noyau spirituel, appelé aussi l**e Soi.** Elle nous permet d'aimer et de créer en développant les richesses de notre esprit. **Les notions d'amour et de créativité sont donc intimement liées à cette Croix.**

**LA CROIX FIXE
CŒUR DU ZODIAQUE**

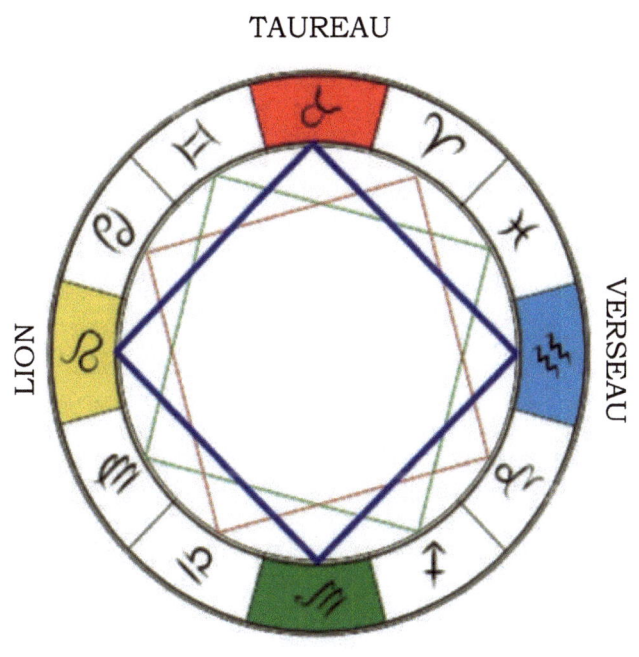

Rappelons brièvement les fonctions des deux axes formant la Croix Fixe, l'axe Taureau/Scorpion et l'axe Lion/Verseau. Le premier est lié au développement des valeurs et des ressources personnelles, donc des acquis de l'esprit (le Taureau). Ces valeurs devront ensuite être partagées et expérimentées avec l'Autre, afin qu'elles ne stagnent pas à un niveau trop personnel, égocentrique, et qu'elles puissent servir au plus grand nombre, dans un contexte altruiste et universel. Mais on ne peut utiliser ses acquis, ses dons et ses richesses sans, en même temps, développer sa créativité et sans laisser s'exprimer sa propre individualité ; et c'est là la fonction de l'axe Lion/Verseau. [1]

Conformément au mouvement circulaire imprimé par la Loi qui se déroule, la Croix Fixe et ses 4 signes fonctionnent comme une spirale qui part

---

[1] Lire du même auteur « l'Astrologie, Art Royal, fondements spirituels », paru en mars 2025 aux Éditions BoD - (ISBN n° 9 782322 574506)

du 2 (le Taureau), passe par le 5 (le Lion) puis par le 8 (le Scorpion) pour finir son cycle avec le 11 (le Verseau).

Cependant, nous ne pouvons atteindre le onzième signe, aboutissement de la Croix Fixe, et encore moins atteindre le douzième, les Poissons, aboutissement du cycle entier du Zodiaque, si nous chutons à un endroit, si nous sautons ou manquons une étape dans le cycle complet des 3 Croix. C'est là que le Scorpion, avec son cortège de déformations, nous attend, faisant chuter l'individu qui ne s'est pas élevé au-dessus de ses désirs les plus entravants Or, comme nous l'avons vu, la Croix Fixe représente le cœur du Zodiaque. Il est donc impossible d'expérimenter *correctement* la Croix Mutable si l'être n'a pas intégré auparavant les vertus liées à la Croix Fixe. Ainsi, il ne peut pas grandir en conscience et s'élever spirituellement (but de la Croix Mutable !)

Les 3 Croix s'emboîtent les unes dans les autres, dans un mouvement parfait, sans faille. Cependant, si la Croix Fixe ne remplit plus son rôle à cause de l'imposture du Scorpion, alors c'est tout le cycle du Zodiaque, le cycle complet des rayonnements qui s'en trouve perturbé. Finalement, c'est chaque individu qui est entravé dans son élévation, ne parvenant plus à l'accomplissement de son incarnation sur terre.

Cela nous ramène aux notions décrites plus haut, concernant la fonction de l'esprit humain dans la Création, qui est de permettre le retour des rayonnements vers le Haut, afin de boucler le cycle. Or, c'est l'Amour, cet Amour qui nous a créés à l'origine – je parle ici de l'Amour Divin, puisque **nous sommes issus d'un Acte d'Amour** – qui doit nous animer et nous permettre d'œuvrer, de créer dans les Lois de l'univers. Seul l'Amour permet à l'esprit humain d'accomplir sa mission sur terre. Il ne s'agit pas de l'amour humain, étroit, égoïste et possessif, mais de l'Amour avec un grand *« A »,* celui qui nous porte à accomplir toute chose avec désintéressement, altruisme et grandeur d'âme.

C'est cet Amour qui, potentiellement, se trouve au cœur de la Croix Fixe ; mais hélas, bien souvent, il se transforme en égocentrisme (le Lion déformé), en possessivité (le Taureau déformé), en individualisme forcené (le Verseau déformé) ou encore en pouvoir séducteur, destructeur et pervers (le Scorpion déformé).

« *La Croix Fixe condense le pouvoir* » disait très justement Germaine Holley. Il s'agit effectivement d'une condensation de pouvoir, car les 4 signes composant la Croix Fixe possèdent un pouvoir accru, du fait de leur lien avec les énergies les plus puissantes de la Création. Or, c'est justement un signe de pouvoir, le huitième, c'est-à-dire le Scorpion, celui qui condense en quelque sorte le mouvement issu de l'esprit, qui usurpa la place occupée à l'origine par l'Aigle.

Ainsi, à l'aube du XXIème siècle, le signe zodiacal du Scorpion occupe une place prépondérante, car cette énergie menace de faire chuter irrémédiablement l'être humain de la Terre dans les ténèbres, s'il ne retrouve pas sa dignité d'esprit humain et la maîtrise de sa force sexuelle, afin de se hisser vers les hauteurs spirituelles, au-dessus de ce monde devenu fou et qui court de toute évidence à sa perte.

N'oublions pas que chacun d'entre nous est concerné par le signe du Scorpion, même si nous ne possédons pas de liens apparents avec ce signe. Chacun est concerné, car chacun possède **son** Pluton dans son thème astral, ainsi qu'une cuspide dans le signe du Scorpion et une maison VIII (homologie du signe du Scorpion). Il ne peut en être autrement à l'heure du grand règlement de comptes, où chaque être humain doit récolter ce qu'il a semé dans l'utilisation de la force qui lui fut confiée tout au long du cycle de ses incarnations.

CONCLUSION

SYMBOLE du manquement à la Loi, la déviation imprimée par l'homme aux énergies du Scorpion équivaut à détourner la Force – *pure et neutre à l'origine* – que celui-ci reçut pour son évolution. En agissant ainsi, nous attirons à nous des chocs en retour de plus en plus violents, aussi bien au niveau individuel que collectif. En effet, nous l'avons vu, les maîtres planétaires du signe du Scorpion sont Mars et Pluton.

Mars représente précisément le 1, c'est-à-dire la Force rouge, la Force « brute », celle que l'homme **se doit d'utiliser** au cours de son incarnation. A chaque acte de volonté, à chaque mouvement de son âme, à chaque aspiration de son esprit, l'homme de la terre utilise la force rougeoyante que lui transmet Mars ; Pluton, second maître du signe du Scorpion, représente, nous l'avons vu plus haut, la force sexuelle, qui permet à l'homme de mettre en action cette force

« brute » transmise par la planète Mars. Par conséquent, lorsque cette Force, neutre à l'origine, est détournée de son but, c'est-à-dire utilisée hors des chemins tracés par la Loi, le karma de l'homme commence à se former.

Ainsi, par exemple, toutes les déviances d'ordre sexuel sont à l'origine de nombreuses maladies dégénératives. Mais qui est prêt à reconnaître cette évidence, et surtout à reconnaître la responsabilité de l'homme face à ce fléau ?!

Le processus spirituel est pourtant d'une grande simplicité. En effet, lorsque la vibration de l'être et de tout ce qui le compose – jusqu'à chaque cellule de son corps physique – s'est affaiblie à l'extrême, lorsque le mouvement de l'esprit s'est quasiment arrêté, alors la maladie et la mort surviennent inévitablement.

En ce début de XXIème siècle, c'est le karma le plus lourd qui reflue sur l'humanité … C'est d'une part la Nature et les Éléments qui, à travers leur action de plus en plus puissante et dévastatrice, viennent secouer l'homme de son indolence et de son irresponsabilité. Ce sont aussi, parallèlement, les maladies les plus terrifiantes qui font leur apparition, montrant ainsi à l'homme de la terre qu'il n'est rien face à la Justice Divine, dès lors qu'il quitte le chemin des Lois, brisant le lien qui le relie à la Vie Elle-même. Mais tout ceci n'est-il pas à l'image du Scorpion, se piquant lui-même, avec son propre dard et précipitant ainsi sa propre destruction ? ...

Le Scorpion a remplacé l'Aigle à cause de l'hyper-intellectualisation de l'homme, qui a ainsi brisé les ailes de son esprit, les ailes de sa dignité ! C'est la dictature de l'intellect sur l'esprit *(le 8)* qui a provoqué l'interruption du cycle des rayonnements, entraînant la chute de la Terre et de ses hôtes loin de la Lumière. Le fait que l'Aigle ait disparu au profit du Scorpion est certainement l'une des conséquences les plus funestes des déformations engendrées par l'homme dans son égarement volontaire et sa folie meurtrière.

Le Scorpion est aujourd'hui un signe d'Eau. Aucun astrologue ne penserait à remettre en doute cette évidence. Pourtant, dans la métamorphose de l'Aigle en Scorpion, dans la déformation de la Loi, il est certain **qu'à l'origine, ce signe n'était pas relié à l'élément Eau.** En toute logique, l'Aigle ne peut être en affinité avec cet élément.

La torsion imprimée à la ceinture zodiacale, depuis la chute de la Terre et de ses habitants, n'existe certainement pas qu'au niveau du huitième signe. On peut raisonnablement penser que c'est tout le Zodiaque qui se trouve à présent déformé, même si nous sommes dans l'impossibilité de percevoir comment, au commencement, celui-ci était structuré.

Le Scorpion ! Derrière lui se tient également le Phoenix, oiseau mythique capable de renaître de ses cendres. Symbole puissant de transformation, de régénération et de re-naissance, le Scorpion ne peut renaître qu'à travers la Dignité de l'Aigle, à travers sa puissante force qui peut être captée par tout être le désirant ardemment.

En chacun de nous il y a une part d'Aigle et une part de Scorpion. Il nous faut lutter de toutes les forces dont dispose notre esprit pour vaincre les tendances malsaines et autodestructrices du Scorpion et nous hisser vers cette dignité incarnée par l'Aigle. Ainsi seulement, nous pourrons nous tenir au-dessus de toutes les passions, de tous les remous, de toutes les violences qui menacent de faire basculer l'homme de cette Terre dans les ténèbres.

Instrument au service du Scorpion, Pluton représente aujourd'hui la planète-clef de notre époque de bilan. Mais en réalité, c'est l'Aigle, se tenant derrière, *au-dessus* du Scorpion, qui agit à travers la planète Pluton.

Ainsi, c'est à travers notre Pluton personnel, celui que nous avons façonné depuis le début de nos incarnations et qui est inscrit dans notre thème astral de naissance, en combattant notre « ombre », que nous pourrons renaître à nous-mêmes et nous élever afin de reconquérir notre dignité d'êtres humains. Ce n'est qu'ainsi que nous pourrons retrouver notre véritable place dans cette Création.

BIBLIOGRAPHIE

ABD-RU-SHIN — *Dans la Lumière de la Vérité*
(Stiftung Gralsbotschaft — Fondation du Message du Graal)

LUCIEN SIFFRID — *Le Fils de l'Homme*
(Éditions « L'Appel » Munich)

LA BIBLE DE JÉRUSALEM
(Éditions du Cerf)

ALEXANDRE VOLGUINE
Le symbolisme de l'Aigle
(Les Cahiers astrologiques – 1960)

ROBERT-JACQUES THIBAUD
Pluton, Itinéraire de la vie éternelle
(Dervy Livres)

CHARLES VOUGA/GERMAINE HOLLEY
Une Astrologie pour l'Ère du Verseau
(Éditions du Rocher)

JEFF GREEN — *Pluton, les métamorphoses nécessaires* (Les Éditions de Janus)

Dr JEAN GAUTIER — *L'enfant, ce glandulaire inconnu* (Éditions la Vie Claire)

Dr JEAN GAUTIER — *Freud a menti* (Cevic)

JEAN DU CHAZAUD — *Ces glandes qui nous gouvernent*
(Éditions Exuvie)

JEAN CHOISEL — *Le Christ assassiné*
(Les Éditions de Cristal)

JACQUELINE KELEN — *L'éternel masculin*
(Robert Laffont)

CHRISTIAN JACQ — *Le voyage initiatique ou les 33 degrés de la sagesse*
(La Pierre Philosophale – Éditions du Rocher)

CARL-GUSTAV JUNG
— *Les racines de la conscience*
— *Réponse à Job*
(Éditions Buchet/Chastel)

... et bien d'autres références

et inspirations ...

Dépôt légal : Juin 2025